EPITRE

A MESSIEURS
LA BEAUMELLE, FRÉRON,
CLÉMENT ET SABATIER.

Bravo, Messieurs : quatre contre un !
Cela s'appelle un avantage !
Vous êtes doués d'un courage,
Et d'un courage peu commun ;
Il faut consommer votre ouvrage.
Moquez-vous du qu'en dira-t-on ;
Bravez toute l'Académie (*a*),

―――――

(*a*) L'Académie Françaife, la première & la plus célèbre de l'Europe. Les Membres de cette favante Compagnie, excepté ceux dont le nom & le crédit ont mis le mérite à l'abri de la critique, n'ont pu trouver grace devant ces Meffieurs ; on ne doit pas s'en étonner : leurs écrits refpirent l'humanité, les mœurs & la vertu ; ils font en outre amis de M. de Voltaire. Que de titres pour

Le goût, le bon sens, la raison ;
Et, pour vous faire un beau renom,
Devouez-vous à l'infamie.
Déja Voltaire n'en peut plus ;
Encore un effort de génie,
Et les siens seront superflus :
Vous le verrez à l'agonie.
Sur votre édifice brillant
En vain lancerait-il la foudre :
Croyez-moi, saisissez l'instant ;
Venez, mettez flamberge au vent,
Et vous le réduirez en poudre.
Comment n'écraseriez-vous pas
Le pauvre chantre de Zaïre ?
Tous ses ouvrages sont si plats,
Si plats qu'on ne saurait les lire (*b*).
Les vôtres sont bien différens ;
L'esprit y brille à chaque page :
On les siffle de temps en temps (*c*) ;

---

encourir le mépris de ses Détracteurs ! Heureusement qu'ils ont pardevers eux de quoi s'en consoler.

(*b*) Oh ! cela est bien vrai, & la preuve c'est qu'il n'y a pas d'année que l'on n'en fasse quelque nouvelle édition. Ce n'est point à M. de Voltaire qu'il faut s'en prendre, mais au Public qui a la sottise de s'ennuyer de ses productions.

(*c*) Témoin *les Observations critiques, les Lettres à M. de Voltaire, les Trois Siecles,* &c. Ce n'est pas la faute des Auteurs si ces Ouvrages n'ont pas réussi ; mais

Mais c'est une espece d'hommage
Dont on honore vos talens.
Pour convaincre les incrédules,
Comparons-les ; c'est le moyen
De les guérir de leurs scrupules;
Oh ! nous les en guérirons bien.
L'examen, si je ne me blouze,
Ne lui plaira pas ; car, dit-on,
De dominer sur l'Hélicon
Sa grande ame est un peu jalouse;
Mais quoi qu'il en soit, tenons bon.
Près de celle de Maintenon (*d*)
Qu'est l'histoire de Charles-douze ?
Le commentaire ingénieux (*e*),

---

le goût du siécle est si dépravé qu'on ne peut plus compter sur rien : *O tempora ! O mores !* Ingrats que nous sommes ! On s'immole pour notre salut, & nous ne daignons pas même en tenir compte ! Nous dévorons Zadig, & les Trois Siécles pourrissent sans acheteurs sur la boutique des Libraires ! Méritons-nous de posséder deux hommes tels que MM. Clément & Sabatier.

(*d*) *Les Mémoires de Madame la Marquise de Maintenon.* M. de la Beaumelle, malgré ce chef-d'œuvre & le zele de ses Apologistes, ne passe point pour un Tacite. Patience ! la postérité le vengera, sans doute, de l'oubli de son siécle.

(*e*) M. de la Beaumelle annonça, en 1770, (*Voyez l'Année Littéraire.*) une nouvelle édition de la Henriade, qu'il se proposait d'enrichir de ses remarques. Peu de temps après j'adressai à M. de Voltaire les vers suivans :

Réveille-toi, viens, sublime Voltaire,

Qui doit orner la Henriade,
Et démontrer aux curieux
Les écarts d'un cerveau malade,
N'en doutons pas, vaudra bien mieux
Que cette glofe impertinente (*f*),
Où Corneille, que l'on y vante,
Rougit d'un éloge odieux.
Tous fes contes anticomiques,
Tous fes petits vers ignorés
Peuvent-ils être comparés
Aux *Obfervations Critiques* ?
C'eft un livre que celui-là :

Couvrir de honte & de mépris
Le Barbouilleur hebdomadaire,
Dont la critique mercenaire,
Infolemment attaque tes écrits !
D'Aliboron, digne Confrere,
La Beaumelle aujourd'hui rentre dans la carrière ;
Frêle Pygmée, il menace un géant :
Pourfuis ce couple téméraire,
Et fais rentrer dans le néant
Ces avortons fortis de la pouffiere....
Mais que dis-je, eft-ce à l'aigle altière
A fe venger du faible moucheron ?
Malgré la Beaumelle & Fréron
Tu plairas à l'Europe entière ;
Bientôt va tomber l'appareil
De leur faftueufe chimère :
C'eft en vain qu'un nuage obfcurcit le foleil,
Il n'efface point fa lumiere.

(*f*) Le Commentaire fur Corneille, modele de goût,

Esprit, gaîté, douceur, finesse,
Bon goût, saillie & cætera,
Tout s'y rencontre hors la justesse.
On vous y prouve en quatre mots (*g*)
Que Saint-Lambert est sans génie,
Qu'il frappa ses tristes lambeaux
Au coin de la monotonie (*h*),
Que de Lille dans ses tableaux
N'a ni feu, ni goût, ni magie (*i*),

---

de critique & de jugement. M. de Voltaire a osé être vrai; il a mêlé l'éloge de Racine à celui de Corneille; on lui en a fait un crime : s'il n'avait point parlé du Chantre immortel d'Athalie, il n'auroit pas éprouvé plus d'indulgence; comment faire ?

(*g*) Les *Observations critiques* contiennent deux gros volumes in-12.

(*h*) *La Monotonie*, dit M. Clément, *mere éternelle de l'ennui, semble avoir présidé seule à la composition du Poëme des Saisons; la lecture en est fatigante, elle laisse du vuide dans l'esprit & rien de ce profond souvenir qui est le caractère infaillible d'un excellent ouvrage, &c. Je crois vous avoir expliqué suffisamment toutes les raisons qui font du Poëme de M. de Saint-Lambert un Poëme ennuyeux, &c.* Ainsi voilà M. de Saint-Lambert bien complettement déchu de toutes les prétentions qu'il pouvait avoir. Il est vrai cependant que son Poëme & celui de M. de Lille sont à la troisieme ou quatrieme édition; mais cela prouve seulement que tout le monde ne pense pas comme M. Clément. *On a dit*, ajoute-t-il, *que Racine avait la monotonie de la perfection; ne pourroit-on pas dire que M. de Saint-Lambert possède la perfection de la monotonie?* L'excellent jeu de mots !

(*i*) *Je prie*, dit le charitable M. Clément, *ceux que les vers de Virgile auraient le malheur d'ennuyer, de*

Et qu'on doit mettre au rang des sots
Malgré toute son énergie,
Son coloris & ses pinceaux,
L'Auteur charmant des Fantaisies (*k*).

---

s'amuser beaucoup des vers de M. de Lille. On ne s'ennuie point à la lecture de Virgile, on l'admire & on goûte encore après les vers de son élégant Traducteur ; c'est le plus bel éloge qu'on en puisse faire. *Mon seul but était*, ajoute M. Clément à la fin de ses remarques, *de mettre sur la voie les personnes qui n'ont pas assez lu Virgile, pour découvrir les infidélités de toute espece que son Traducteur lui a faites ; soit en présentant, d'une manière seche & rebutante, des détails champêtres que le Poëte latin a sçu revétir de tous les agrémens & de toutes les richesses de la Poësie ; soit en amplifiant l'original sagement précis dans ses préceptes ; soit en étranglant les endroits où le Poëte se livrait à l'essor le plus hardi ; soit en négligeant de suivre son modèle, toujours simple & vrai, pour s'abandonner à un esprit faux & aux anti-thèses du mauvais goût ; soit en ajoutant des liaisons inutiles, toujours froides & languissantes ; soit en manquant sans cesse de ce sentiment dont Virgile est plein & dont il fait un mélange si précieux avec la Poësie la plus magnifique, la plus élégante & la plus soignée ; soit enfin pour n'avoir pas assez approfondi le génie de la Langue française, lorsqu'elle pouvait heureusement lutter avec la latine ; pour n'avoir pas mis assez de variété dans ses tours, dans ses chutes & dans son harmonie ; pour n'avoir pas cherché à reproduire dans ses vers cette harmonie, presque continuelle, dont les vers de Virgile sont remplis, non cette harmonie vague & indéterminée qui convient à une chose comme à une autre, mais cette harmonie propre à la chose que l'on veut peindre, & qui la fait entrer dans votre esprit par les oreilles & par les yeux*, &c. Il faut convenir que M. Clément a dignement rempli le but qu'il s'étoit proposé.

(*k*) M. Dorat, le Poëte des graces, que l'Auteur des

Faut-il parler des rapsodies
De cet Ecrivailleur (*l*) pincé
Que tout un public insensé

Observations traite de *barbare*. M. Clément, qui a beaucoup d'indulgence pour les essais échappés à sa muse, cite, sans doute comme un modèle de goût, la traduction qu'il a faite de ces vers harmonieux :

Hic gelidi fontes : hic mollia, prata Lycori,
Hic nemus, hic ipso tecùm consumerer ævo, &c.

La voici :

Ici de frais ruisseaux ont des rives fleuries,
O Lycoris ! *ici* sont de tendres prairies ;
Ici des bois charmans, *ici des plus beaux jours*
Avec toi je voudrais consumer un long cours ;
Mais un amour aveugle, hélas ! retient tes charmes,
Dans un camp, dans l'horreur *de la guerre & des armes*
Et loin de ta Patrie, (*eh* ! puisse-je en douter !)
Sans moi, seule ! *ah* ! cruelle ! *ah* ! tu cours affronter
Les Alpes, leurs rochers, leurs neiges entassées,
Et les frimats du Rhin sur ses rives glacées.
Ah ! que le froid t'épargne ! *ah* ! qu'il ne blesse pas
De ses âpres glaçons tes pieds *si* délicats !

Certainement quand on fait de pareils vers, & qu'on les cite, on doit avoir un peu plus d'indulgence pour son prochain, & ne se point mettre dans le cas de mériter les épithetes qu'on prodigue. *Nosce te ipsum.* Il est bien fâcheux que M. Clément n'exécute point le plan qu'il a tracé d'un Poëme sur la déclamation : il ne trouveroit, peut-être, pas plus de Lecteurs que ses *Lettres à M. de Voltaire ;* mais cela ne l'empêcherait pas d'être un Chef-d'œuvre.

(*l*) C'est un des termes dont se sert M. Fréron pour désigner M. de Voltaire : Si ce grand homme est un *Ecrivailleur*, on peut apprécier le mérite du savant Compilateur de l'Année Littéraire.

S'obstine à nommer Tragédies ?
Des ressorts mesquins, point d'effets,
Point de sentimens, d'énergie :
Ce sont des informes essais,
Fabriqués à coups de génie (*m*),
Dont il faut sapper le succès.
Ah ! si jamais cette sorciere (*n*),
Pour faire niche à Longepiere (*o*),
Vient aux Français montrer son nez :
Gare à toi, malheureux Voltaire,
Tes pauvres Drames du Parterre
Seront bientôt abandonnés.
Si le malheur t'en veut, qu'y faire ?
Il faudra bien t'en consoler.
N'est-il pas beau de s'immoler
Pour l'avantage de ses freres ?
Tâche au surplus de rassembler
D'autres richesses littéraires.

(*m*) Les illustres Censeurs de M. de Voltaire n'en conviennent pas ; tant s'en faut. Il suffit, pour leur répondre, de soumettre au jugement de l'impartialité Mahomet, Brutus, Alzire, &c. Il y a long-tems que M. de Voltaire & ses ennemis sont jugés : il y a lieu de croire que la postérité n'en rappellera point.

(*n*) Médée, Tragédie de M. Clément : à en juger par ses autres Ouvrages, elle ira loin.

(*o*) Cet Auteur a fait une Médée qu'on voit encore avec plaisir : c'est le seul de ses Ouvrages qui soit resté au Théâtre.

N'as-tu pas un siécle fameux (*p*);
Où la saine raison préside ?
Contre ces traits séditieux
Tu pourras t'en faire une égide...
Mais vraiment, je n'y pensais pas :
Cette ressource t'est ravie ;
Voilà bien un autre embarras !
Et ces monumens de génie,
Ces *Trois Siécles*, plein d'énergie,
Où l'infaillible Sabatier,
Brûlant du beau feu qui l'anime,
Tranche, décide & sans quartier
Immole plus d'une victime
Pour une feuille de laurier.
Près de ce colosse indomptable
Son Siécle éthique & pitoyable
Pourra-t-il donc se soutenir ?
Homme, tu jugeas ton semblable,
Tyran, il falloit l'asservir,
Et ta gloire eût été durable.
Viens ; pénétrons dans l'avenir :
Si le voyage ne t'amuse,
Au moins il pourra te servir.
Approche & lis, mais sans frémir :
La postérité te récuse (*q*).

(*p*) Le Siécle de Louis XIV.
(*q*) M. l'Abbé Sabatier a dit, autant que je puis m'en

Quels titres fournira ta Muse
Lorsqu'elle y voudra parvenir ?
Est-il un seul de tes Ouvrages
Qui ne fourmille de défauts ?
Tes infatigables rivaux
En citent plus dans leurs Journaux
Que tu ne comptes de suffrages.
Est-ce avec de pareils soutiens
Que tu vivras dans la mémoire ?
Il faut, pour mériter la gloire,
Bien d'autres titres que les tiens :
Ainsi, malgré tes jolis riens,
Pour toi point de place en l'Histoire.
Mais, si de l'immortalité
Ta muse est pourtant curieuse,
Je veux bien, par humanité,
T'apprendre une route fameuse
Qui mene à la postérité.
Ne fais plus rien (*r*) ; mais en Despote

souvenir, dans son beau Livre des *Trois Siécles*, que de toutes les œuvres de M. de Voltaire, il n'y en aurait peut-être pas une page qui passerait à la postérité. L'assertion est un peu hardie.

(*r*) C'est l'expédient qu'ont imaginé MM. Clément, Fréron, Sabatier & autres grands hommes du siécle ; ils se déchaînent avec violence contre le faux goût de leurs pauvres contemporains, & se mettent prudemment à l'abri de la critique ; ce n'est point être trop mal-à-droit.
Je n'aurais jamais cru *ces Messieurs* si prudens.

Soumets à ta lourde marotte
Tout le peuple vain des Auteurs :
Laisse végéter dans la crotte
Tes imbécilles Sectateurs.
Fouille en ta féconde cervelle ;
Imagine un nouveau Journal,
Et que Fréron soit ton modèle !
Dis peu de bien, beaucoup de mal ;
Targues-toi sur-tout d'un faux zele,
Et dénigre bien ton rival.
Vend des éloges mercenaires
A quiconque peut les payer :
Tu recevras des honoraires,
Et te couvriras de laurier.
N'est-ce pas un meilleur métier
Que de rimailler des miséres ?
Qu'en dis-tu ? n'ai-je pas raison ?
Mais tu penses peut-être en homme :
Fi ! cela n'est plus de saison ;
C'étoit bon dans l'antique Rome ;
A Paris c'est du mauvais ton.
Mais j'y consens ; fais le Caton :
Au désintéressé Fréron (s)
Propose une petite somme.

(s) Le cri public est que M. Fréron vend ses éloges ; je n'hésite point à croire que c'est une calomnie. D'ailleurs il n'y a que du mépris à gagner à un pareil marché,

Obtiens qu'il détache un fleuron
De son immortelle couronne,
Et fais en sorte qu'il te donne
Pour de l'argent quelque renom.
Si dans son tripot littéraire
Tu peux trouver le moindre accès,
C'en est fait; ta gloire est entiere,
Et ton nom ne mourra jamais.

Ça laissons-là plaisanterie
Et parlons sans déguisement :
Messieurs, croyez-vous bonnement
Que votre inhumaine sortie
Ait décrié l'Auteur charmant
Qui peignit Agnès (*t*) si jolie.
Non ; vous avez trop de bon sens
Pour ignorer que l'artifice
N'éblouit pas les bonnes gens.
Tout en dénigrant ses talens,
Dans le fond vous rendez justice
A ses Ouvrages éloquens,
Et c'est votre plus grand supplice.
Quel est le but, demande-t-on,
Et des Satyres indécentes
Et des injures dégoutantes

―――――――――――――

(*t*) Agnès Sorel, Dame de beauté, Maîtresse de Charles VII.

Que vous vomiſſez ſans raiſon ?
On cherche en vain ſi votre Proſe
A produit au moins quelque bien :
Vous vouliez être quelque choſe,
Vous êtes reſtés moins que rien.
Voilà pourtant à quoi l'envie
Expoſe ſes vils Sectateurs !
Vous avez cru perdre un génie,
Vous n'avez perdu que vos mœurs (u).
Ce trait, aſſez plaiſant d'ailleurs,
N'embellira pas votre vie.
Il faut de l'immortalité
Que vous ayez bien la manie :
Pour vivre en la poſtérité
Il n'eſt rien qu'on ne ſacrifie.
Vous avez fort bien réuſſi ;
Oh ! lorſqu'on y chemine ainſi,
Ce n'eſt point choſe difficile :
Tenez ; vous connoiſſez Zoïle,
Vous y parviendrez comme lui.

Mais quel intérêt vous anime,
Direz-vous peut-être, & comment
De notre propre ſentiment
Prétendez-vous nous faire un crime ?

(u) Il n'eſt pas beſoin d'avertir qu'il ne s'agit ici que des mœurs littéraires.

Quel intérêt ! à votre avis
J'ai tort sans doute de défendre
Un vieillard que vous voulez rendre
L'objet d'un injuste mépris !
Le bon goût est blessé, j'écris ;
Je prétends plus, j'ose entreprendre
De le venger de vos écrits.
Je conviens tout haut que sa cause
Méritait un meilleur soutien :
Mes Vers ne valent pas grand'chose,
Ou, disons mieux, ne valent rien (*v*) ;
C'est presque autant que votre Prose
Dont on ne dit pas trop de bien.
Mais si quelqu'ame débonnaire,
Sans juger le peu que j'ai fait,
Juge ce que j'ai voulu faire,
Je serai du moins satisfait
D'avoir mesuré la carriere :
L'estime d'un homme de bien
Est un si précieux salaire
Que je ne me plaindrai de rien.

Vous vous imaginez sans doute,
Messieurs, & vous avez bien tort

_____

(*v*) On verra, par l'Epître suivante, le prix que j'attache aux bagatelles qui m'échappent.

Que j'ai l'intérêt le plus fort
De ménager coûte qui coûte
Un Ecrivain que je redoute,
Ou qui me paye au poids de l'or,
Rassurez-vous sur mes hommages ;
Je ne connais que ses écrits ;
J'en sens, il est vrai, tout le prix ;
Et les venge de vos outrages :
Mais tenez ; je vais en deux mots,
Et le tout pour vous satisfaire,
Convenir qu'il a des défauts (x).
C'est, car il faut être sincère,
Une ressemblance de plus
Avec Sophocle, avec Homère,
Catulle, Virgile & Flaccus (y).
Mais, si, pour finir cette affaire,
De mon désintéressement
Vous voulez une preuve claire,
Je vous offre amicalement,
Et c'est tout ce que je puis faire ;
Un petit accommodement.

―――――――――――

(x) Eh ! qu'est-ce qui n'en a pas ? Le Soleil même a des taches ; je conviens qu'on ne s'est point encore avisé de les lui reprocher ; mais patience, cela viendra peut-être : nous nous formons tous les jours.

(y) Horace.

Etes-vous jaloux de l'hommage
Que Voltaire obtient aujourd'hui ?
Tâchez de faire mieux que lui ,
Je vous eftime davantage.

MA PROFESSION DE FOI.

JE n'ai point la fotte manie
D'annoncer, la trompette en main,
Des prétentions au génie :
Je fuis un bon diable d'humain
Qui rimaille par fantaifie.
Je fais que j'ai peu de talent,
Que mes Vers font fans harmonie,
Et j'en conviens ouvertement :
Jouir eft toute mon envie.
Si mon cœur amoureux gémit
Loin des charmes de ma maîtreffe,
Pour calmer la fombre trifteffe,
Où mon être abforbé languit,
Je cours aux rives du Permeffe ;
Et, quand Apollon me fourit,
Aux pieds de l'objet que j'adore
Je revole plus tendre encore
Et mon amour s'en applaudit.

Je voudrois vivre en la mémoire ;
Ce ferait le vœu de mon cœur ;
La gloire eft douce ; mais la gloire
Coûte un peu trop cher au bonheur :
Plus de repos & moins d'honneur,

Je laisse à d'autres la victoire,
Et suis son humble serviteur.
Que j'entasse tome sur tome,
Que je me consume à grands frais,
Pour courir après un phantome
Que je n'attrapperai jamais!
Non; je veux dans l'insouciance,
Si je puis, couler mes beaux jours :
Je suis né pour l'indépendance,
Je ne me rendrai qu'aux amours.
Si par hazard dans mon asyle
La gloire un jour portait ses pas,
Sans cesser de vivre tranquille,
Je pourrais lui tendre les bras :
J'accueillerais l'enchanteresse
Ainsi qu'un convive amusant :
Elle n'obtiendrait cependant
Que la gauche de ma maîtresse :
Si cela ne l'arrangeait pas,
Adieu, Madame la Déesse ;
Nous n'aurons jamais de débats.

Je ne suis d'aucune cabale,
Je ne connois aucuns partis :
Je dis quelquefois mon avis;
Mais dans une balance égale
Je pese tout, grands & petits.
Quand on m'apporte quelqu'Ouvrage,

Avant d'en parler, je le lis :
Souvent je donne mon suffrage
Et je ne sais pas même à qui :
Fût-il enfin mon ennemi,
Le grand homme aura mon hommage,
Dans le fait, n'ai-je pas raison ?
Il faut suivre son caractere :
Sans redouter le grand Fréron
J'applaudis tout haut à Voltaire.
Ses ennemis, gens très-fameux,
A coup sûr m'en feront un crime :
Quand on ne pense pas comme eux,
Il faut bien être leur victime.
Un certain Monsieur Sabatier,
Savant boursoufflé de mérite,
A daubé sur moi l'an dernier
Comme sur un Auteur d'élite.
Il eut grand tort en vérité ;
Que ne me laissait-il bien vîte
Expirer dans l'obscurité ?
Il a cru, dans sa morgue vaine,
Excroquer l'immortalité ;
Il s'est donné bien de la peine
Et n'en est pas plus avancé,
Mille & mille gens on pensé
Qu'il n'avait pas la tête saine ;
C'est ce que j'ignore amplement.
Pour moi, qui ne suis point sévere,

J'imaginai tout uniment
Que ce perſonnage éloquent
Eût fait beaucoup plus ſagement
De s'en tenir à ſon Bréviaire.

 C'eſt à vous, ô mes bons amis,
Que j'adreſſe mon bavardage :
Vous ſeuls en faites tout le prix,
Vous en devez avoir l'hommage.
Quand vous m'avez ſollicité
De publier ce ravaudage,
Je ne vous ai point réſiſté.
J'ai toujours cru, ſans ſuffiſance,
Que les petits vers découſus,
Echappés à mon indolence,
Ne méritaient pas d'un refus
L'orgueilleuſe & vaine importance.
Je les ai faits pour m'amuſer ;
Je les donne ſans conſéquence.
C'eſt au public à prononcer.

FIN.

www.ingramcontent.com/pod-product-compliance
Lightning Source LLC
Chambersburg PA
CBHW060455050426
42451CB00014B/3328